AF502438

JT 55
550

JT 55
550

Prix : 10 centimes.

AU SIÈGE PROVISOIRE DE LA MUTUALITÉ DES TRAVAILLEURS,
Rue du Faubourg Saint-Denis, 23;

CHEZ RAGINEL, RUE DE CLÉRY, 74;

Et à la Propagande Démocratique et Sociale, rue des Bons-Enfants, 1.

MUTUALITÉ DES TRAVAILLEURS

CONTINUATION

DE LA BANQUE DU PEUPLE

Siége provisoire, rue du Faubourg Saint-Denis, 23.

PROPOSITIONS

SOUMISES AUX ASSOCIATIONS OUVRIÈRES AINSI QU'AUX ADHÉRENTS ET AUX ACTIONNAIRES DE LA SOCIÉTÉ P. J. PROUDHON ET Ce, EN LIQUIDATION;

RÉUNION PRÉPARATOIRE DU 14 AVRIL 1849,

Salle de la Fraternité, rue Martel.

Le bureau est occupé par les citoyens L. Carlique, F. Chertier, Victor Chipron, E. Dubuc, L. Lavoye, A. Lefaure, Jules Lechevalier, collaborateurs du citoyen P.-J. Proudhon à la Banque du Peuple, et signataires de la lettre de convocation.

La séance est ouverte à une heure. La réunion se compose de 200 personnes. Sont présents :

1° Les délégués des trente-une associations dont suivent les dénominations : serruriers mécaniciens; brossiers; boulangers; chemisières; lits en fer; coiffeurs de la rue Jean-Robert ; ferblantiers ; menuisiers en fauteuil; coiffeurs de la rue des Gravilliers; selliers et harnacheurs; corroyeurs; cordonniers de la rue Rambuteau; menuisiers en bâtiments de la Chapelle Saint-Denis; mécaniciens; maçons; tailleurs de limes; cuisiniers de la rue des Trois-Couronnes; coiffeurs de la rue Cadet, n° 4; horlogers; peintres en bâtiments, rue de Paradis-Poissonnière; peintres en bâtiments de la place de la Rotonde; billardiers; serruriers; passementiers; bonnetiers; chapeliers du boulevard Saint-Denis; tailleurs, rue du Faubourg Saint-Denis, 23; cartonniers ; cordonniers-bottiers, rue du Cadran; marchands de vins de la rue Jean-Robert ;

2° Deux représentants de la commission permanente des délégués du Luxembourg ;

3° Les rédacteurs représentant *la République, la Révolution démocratique et sociale, la Démocratie Pacifique ;*

4° Les délégués des bureaux de correspondance de l'ancienne Banque du Peuple des 1er, 7e, 9e et 12e arrondissements et des Batignolles.

Le citoyen Jules Lechevalier explique l'objet de la réunion, qui est de nommer une commission chargée d'examiner le rapport et les nouvelles propositions du comité provisoire de réorganisation, pour la continuation et la transformation de l'œuvre de la Banque du Peuple, par suite de la liquidation de la Société P.-J. Proudhon et Cᵉ.

Le citoyen Chipron donne lecture de trois déclarations du comité provisoire de réorganisation, à l'occasion de la retraite du citoyen P.-J. Proudhon et Cᵉ, et de la liquidation de la Banque du Peuple.

La première pièce est une lettre adressée au citoyen

P.-J. Proudhon, pour l'engager à rester, quoique absent, à la tête de l'œuvre de la Banque du Peuple.

La seconde est la déclaration publiée par les journaux *le Peuple, la République, la Démocvatie Pacifique*, et plusieurs autres journaux.

La troisième se compose des observations des collaborateurs du citoyen P.-J. Proudhon à la déclaration publique, concernant la mise en liquidation de la *Banque du Peuple.*

Cette lecture est suivie : 1° du rapport inséré plus bas.

2° Des propositions également insérées plus bas, cotées B.

Après discussion des différents sujets à l'ordre du jour, l'assemblée décide, d'accord avec le bureau,

1" Qu'elle ne se trouve pas assez nombreuse pour procéder à la nomination de la Commission chargée d'examiner le rapport et les propositions ;

2° Que ce rapport et ces propositions, dont il sera donné communication à la réunion du lendemain 15 avril, seront imprimés et distribués dans le plus bref délai, afin qu'il puisse être procédé en toute régularité et en toute connaissance de cause aux élections de la Commission délibérative de cinquante délégués et associations, ainsi que des membres consultatifs de ladite Commission.

Pour copie conforme, *Signé* :

L. CARLIQUE, F. CHERTIER, V. CHIPRON, É. DUBUC, L. LAVOYE, A. LEFAURE, JULES LECHEVALIER.

RÉUNION GÉNÉRALE DU DIMANCHE 15 AVRIL 1849.

Cette réunion, composée d'environ 2,500 personnes, a entendu, en donnant à plusieurs reprises de vifs témoignages de son assentiment, la lecture des pièces ci-après :

RAPPORT

LU A LA RÉUNION PRÉPARATOIRE DU 14 ET A LA RÉUNION GÉNÉRALE
DU 15 AVRIL, PAR LE CITOYEN Vor CHIPRON.

Citoyens,

Nous vous avons convoqués pour vous entretenir de la situation nouvelle faite à l'œuvre de l'émancipation des travailleurs, et en particulier aux associations ouvrières, par la mise en liquidation de la *Banque du Peuple*.

Nous aurons d'abord à vous présenter un historique de la combinaison suivie avec le citoyen Proudhon, depuis la proposition de la *Banque d'échange* jusqu'aux dernières opérations faites par la *Banque du Peuple*.

Nous entrerons ensuite dans un court exposé des motifs qui nous ont déterminés à reprendre, sur des bases nouvelles, l'œuvre que le citoyen Proudhon s'est trouvé contraint d'abandonner.

Enfin, nous vous entretiendrons de la manière dont nous comprenons la marche qui doit être suivie par la nouvelle institution pour laquelle nous réclamons d'abord votre avis, et, s'il y a lieu, votre concours.

BANQUE D'ÉCHANGE.

Au mois d'avril 1848 le citoyen Proudhon réunit dans les bureaux du journal *le Représentant du Peuple*, un certain nombre de citoyens auxquels il donna communication, sous la dénomination de *Banque d'échange*, d'un projet qu'il présentait comme le résumé de ses idées sur les voies et moyens de la révolution économique.

Une commission fut nommée pour examiner ce projet, — et en acheva l'élaboration ; il fut publié d'abord dans le journal *le Représentant du Peuple*, avec nomination et appel par la seule initiative du citoyen Proudhon, d'un certain nombre de citoyens choisis dans toutes les écoles, tant économiques que socialistes, et parmi les principaux organes de la presse de toutes les opinions : Greppo, Émile de Girardin, Enfantin, Chambolle, Vidal, Duras, Bastiat, Villegardelle, Ramon de la Sagra, Considérant, Michel Chevalier, Fauvety, Schmelz, Darimon, etc., etc.

Telle était la composition de ce comité, dont notre collaborateur Jules Lechevalier était institué vice-président avec Émile de Girardin. La plupart des personnes appelées, n'ayant pas été préalablement consultées, déclinèrent la participation au comité, de sorte qu'il ne resta plus que Greppo, Ramon de la Sagra, Charles Fauvety, Schmelz, Darimon et Jules Lechevalier, lequel avait adhéré sous réserve.

Le projet de la *Banque d'échange* reposait au fond sur des opérations à peu près semblables à celles qui plus tard ont été indiquées comme l'objet de la *Banque du Peuple,* avec cette différence que la société opérait sans capital, et bornait toute son œuvre à la transformation des voies et moyens du crédit et de la circulation, sans prétendre modifier entièrement, en quoi que ce soit, les conditions de la production et de la consommation. Tout devait se régulariser de soi-même par l'effet du nouveau mécanisme de circulation.

Tous les commerces, tous les établissements y étaient appelés sans distinction, sans aucune immixtion dans leurs affaires, et, de même, sans aucune prévision, soit pour régulariser la concurrence anarchique, soit pour organiser l'association.

A ce moment survinrent les journées de juin, et par suite la suspension du journal *le Peuple*, pendant l'état de siége. Dès ce moment il ne fut plus question de la *Banque d'échange* jusqu'au 24 septembre dernier.

BANQUE DU PEUPLE.

A cette époque un avis inséré dans les journaux convoque les associations ouvrières et les délégués du Luxembourg, rue du Faubourg Saint-Denis, 25. Cette convocation avait pour objet d'entendre une proposition du citoyen

Jules Lechevalier, tendant à faire nommer une commission de travailleurs, à laquelle les principaux socialistes devaient être adjoints, et qui devait examiner et élaborer une combinaison pour organiser une *Banque du Peuple* avec deux syndicats, l'un de la production, l'autre de la consommation.

Il ressort du procès-verbal de cette séance une différence notable entre le projet de la *Banque du Peuple* avec annexes, et l'idée primitive de la *Banque d'échange*.

D'abord il ne s'agit plus d'un appel commun à toutes les professions et industries, et à tous les travailleurs. Ce sont les intérêts du peuple posés contradictoirement avec ceux des patrons et de la féodalité financière. Ce sont les ouvriers qui sont appelés à faire, par eux-mêmes et au moyen de leurs salaires réunis, versés dans une caisse centrale, le capital métallique destiné à garantir la circulation des billets de la *Banque du Peuple*. Ce capital doit servir, en même temps, à constituer des établissements dont les ouvriers deviennent propriétaires, et combinés de telle sorte que toute consommation devienne un placement avantageux pour le consommateur.

La nécessité d'opérer à la fois sur la production et sur la consommation, en même temps que sur la circulation, est indiquée comme le principe du projet. Il s'agit même de quelque chose de plus général que la Banque, ou toute autre combinaison déterminée : il s'agit, pour le peuple réuni, d'aviser au moyen d'accomplir par lui-même l'œuvre pratique de son émancipation. Le peuple est appelé à nommer séance tenante des délégués choisis dans son propre sein, et ce sont eux qui, sur la proposition du citoyen Jules Lechevalier, appellent le citoyen Proudhon à la présidence, adjoignant à la Commission quelques-uns des principaux socialistes. Ils prennent pour bases des études à faire le projet de *Banque d'échange* du citoyen Proudhon, ainsi que les travaux de la Commission des délégués du Luxembourg insérés au *Moniteur*.

Ce sont les termes mêmes de l'art. 8 de la proposition.

La Commission entre en fonctions immédiatement et nomme pour vice-présidents Cabet, Pierre Leroux et Jules Lechevalier. Cabet, présent à la troisième réunion, décline la vice-présidence, en raison des soins assidus que réclament de lui la conduite de l'émigration icarienne. La Commission demande au citoyen Proudhon la rédaction d'un projet de Banque du Peuple que celui-ci s'empresse de formuler. Ce projet est publié dans le journal *le Peuple*.

La Commission après s'être adjoint les citoyens Ramon de la Sagra, De Bonnard, Pasturin, Fauvety, Schmelz, César Daly, Alfred Darjmon, Deligny, Gamet, Jalasson, Langlois, Perreymond, Villegardelle, Vincent, et les représentants du peuple Pelletier, Brives, Greppo, Démosthène Olivier et Félix Pyat, a nommé une sous-Commission chargée de discuter contradictoirement avec le citoyen Proudhon le projet par lui présenté. La discussion a été suivie pendant deux mois environ, dans les bureaux du journal *le Peuple*. Le citoyen Proudhon avait pour principaux interlocuteurs les citoyens Pierre Leroux et Vidal, qui, tous les deux, se sont bornés à critiquer la combinaison, sans lui en opposer une autre. Le citoyen Ramon de la Sagra a proposé plusieurs modifications qui ont été acceptées.

Il n'a pas été tenu de procès-verbaux des séances de la sous-Commission.

Quant à la Commission générale qui s'est réunie quatorze fois, ses procès-verbaux ont été soigneusement conservés et demeurent à la disposition des citoyens qui croiraient avoir besoin de s'éclairer à fond.

Pendant que l'élaboration se poursuivait, il a été fait auprès de la commission des Délégués du Luxembourg une démarche par les citoyens Pasturin et Jules Lechevalier, à l'effet d'obtenir le concours de la Délégation et de donner à la pensée des syndicats, comme moyen de régulariser la production et la consommation, le point d'appui qu'il était naturel de chercher près de ceux en qui était conservée la tradition de l'organisation du travail formulée au Luxembourg.

La Commission permanente, après examen des propositions, désigne les citoyens Lavoye, Lefaure et Chipron pour apporter leur concours à l'élaboration des syndicats et pour suivre les travaux relatifs à la rédaction des divers actes de société tant de la Banque du Peuple que de ces deux nouvelles institutions.

Un Rapport s'ensuivit, lequel, après avoir été accepté par la Commission permanente des Délégués et par le comité de la Banque du Peuple, reçut, dans une assemblée générale de la Délégation en date du 16 janvier, une approbation entière, et à quelques jours de distance celle du citoyen Proudhon. Ce rapport a été reproduit par le journal *le Peuple* et publié avec l'acte de société de la Banque du Peuple.

Dès ce moment on résolut de se mettre sur le terrain de la pratique, et le notaire Dessaignes fut chargé de porter la dernière main à l'acte de société, qui fut définitivement arrêté et signé par Proudhon, le 31 janvier 1849. Enfin la Banque du Peuple ouvrit ses bureaux pour l'adhésion et la souscription, le 11 février suivant.

Pendant les deux mois qui se sont écoulés, depuis l'ouverture des bureaux jusqu'à présent, les bulletins publiés dans le journal *le Peuple* vous ont tenu au courant du mouvement des adhésions et souscriptions, ainsi que du travail de classification des adhérents.

La constitution définitive de la société de la Banque du Peuple et l'ouverture des opérations étaient subordonnées à la réalisation d'une souscription de 50,000 fr. La première opération financière qui consistait dans l'émission des bons de circulation contre espèces, était prête pour l'exécution, et toutes les mesures prises pour atteindre, dans un délai très-rapproché, la somme exigée dans l'acte de société pour la constitution définitive. Pendant ce temps, l'administration de la Banque n'est pas restée inactive ; elle s'est occupée d'organiser les bureaux de correspondance dans un grand nombre de départements, dans la plupart des arrondissements, tant de Paris que de la Banlieue, et surtout de réaliser l'adhésion des associations ouvrières. L'administration s'occupait aussi, autant qu'il était en son pouvoir de la formation d'associations nouvelles, destinées à compléter les lacunes qui existaient dans le réseau primitif.

Pour arriver à ce résultat il nous a fallu rédiger une forme générale de statuts, qui pourrait, sauf les modifications nécessitées par les diverses professions, s'appliquer à l'ensemble des travailleurs. Les éléments de ce travail nous les avons puisés :

1° Dans un projet arrêté par la délégation du Luxembourg ;

2° Dans les statuts même de la Banque du Peuple ;

3° Enfin dans le concours que les travailleurs de quatorze corporation différentess ont bien voulu nous apporter.

Les associations qui ont adhéré à la Banque du Peuple et celles qui se sont formées ou en voie de formation avec notre concours, sont, à l'heure qu'il est, un résultat pratique et définitivement acquis à la cause du socialisme. C'est sur cette base que nous nous proposons d'édifier la combinaison nouvelle qui va vous être soumise.

LIQUIDATION DE LA BANQUE DU PEUPLE.

SITUATION NOUVELLE.

La question que nous avons dû nous poser lorsque la mise en liquidation de la Banque du Peuple nous a été notifiée de la part du citoyen Proudhon, a été de savoir si il y avait lieu de continuer, et jusqu'à quel point il était convenable et possible de reproduire le même mode d'opération. Nous nous sommes demandé s'il n'y avait pas un grand profit à tirer pour l'avenir du résultat d'une expérience suivie pendant deux mois dans les conditions les meilleures et avec tout le zèle et le dévouement désirables. D'accord en cela avec la plupart des associations que nous avons eu occasion de consulter, nous avons pensé et publiquement déclaré :

1° Qu'un fait de réalisation était le point le plus important à assurer pour la confirmation des théories socialistes ;

2° Que les meilleurs éléments de cette réalisation se trouvaient dans le noyau déjà existant des associations ouvrières ;

3° Que conformément aux principes de la démocratie socialiste, l'élection devait être la seule base de la combinaison nouvelle.

En conséquence, nous allons vous soumettre une proposition dont le but est de régulariser le passé et d'assurer l'avenir.

PROPOSITIONS

POUR L'ORGANISATION D'UNE SOCIÉTÉ DITE :

MUTUALITÉ DES TRAVAILLEURS.

Les soussignés constitués en Comité provisoire de réorganisation ;

Réunis en assemblée extraordinaire et d'urgence pour aviser aux mesures devenues nécessaires par la retraite du citoyen P.-J. Proudhon, seul directeur gérant de la Société *P.-J. Proudhon et Cie ;*

S'empressent de reconnaître que le citoyen Proudhon a eu des motifs légitimes pour renoncer à la direction de la Banque du Peuple, et liquider, par le remboursement intégral des actionnaires, la Société qui était en voie de formation sous sa responsabilité personnelle.

Ils reconnaissent, en même temps, que cette œuvre doit être continuée, qu'elle ne doit jamais s'arrêter que par suite d'événements de force majeure, qu'enfin entravée sous une forme, elle doit être reprise sous une autre, jusqu'à parfaite émancipation du travail vis-à-vis du capital.

Ils reconnaissent, en même temps, qu'indépendamment du cas de force majeure qui a mis fin à la gestion du citoyen Proudhon, l'expérience accomplie depuis le 11 février jusqu'au 12 avril, indique certains changements à effectuer, soit dans les principes constitutifs de l'œuvre, soit dans le but et la nature des opérations, soit dans les voies et moyens d'exécution.

En conséquence, les soussignés arrêtent comme base de la combinaison nouvelle qui doit être substituée au projet de la société Proudhon et Cie, les principes suivants :

La constitution de la Société nouvelle procédera exclusivement de l'élection, sauf à régler le mode d'élection dans les conditions particulières de compétence que comporte une œuvre industrielle.

La gérance sera composée au moins en majorité de travailleurs ayant exercé ou exerçant une profession d'industrie, et appartenant aux corps de métiers qui ont nommé des délégués au Luxembourg.

Dans l'œuvre d'exécution, les théoriciens doivent rester au service de la pratique, et n'intervenir que comme agents consultatifs ou comme fonctionnaires responsables et révocables.

Il n'y a plus lieu à l'intervention comme actionnaires de souscripteurs purement capitalistes.

Les adhérents doivent tous accepter le principe essentiel de l'œuvre, à savoir : que *la Société a pour but absolu d'organiser tous les rapports d'échange et d'affaires, de production et de consommation, d'après des règles fixes de justice et de prévoyance, de fraternité, d'égalité et d'association, en subalternisant transitoirement les convenances de la liberté individuelle.*

Tous les adhérents devront accepter la publicité de leur nom et domicile ainsi que de leurs rapports avec la société.

S'ils exercent une profession, ils devront accepter le contrôle de la *Mutualité* sur la qualité et le prix de leurs produits.

Il y a incompatibilité entre les positions industrielles fondées sur les règles, les usages et les habitudes du régime de l'exploitation, et la qualité d'actionnaire ou d'adhérent de la *Mutualité des travailleurs.*

La Société nouvelle sera une dans son triple but, et organisée en trois fonctions ou divisions différentes.

Elle appelle tous les travailleurs sans exception, et plus particulièrement ceux qui ont à subir le chômage.

Elle constituera son fonds de premier établissement par les apports et les cotisations des associations ouvrières et des travailleurs.

La Société devra être formée et constituée le même jour, avoir son capital souscrit et réalisé, et commencer ses opérations à partir du jour de la publication de l'acte.

Ce fonds sera fixé à la somme que la Société aura en caisse au moment de sa constitution ; il s'accroîtra progressivement par les mises nouvelles de chaque sociétaire. Ces mises seront effectuées en obligations de main-d'œuvre, en produits, et en numéraire s'il y a lieu.

Il y aura *novation* complète quant aux actionnaires et aux adhérents, entre la nouvelle Société et la Société Proudhon et Comp.

Les actionnaires qui voudront prendre part à l'œuvre nouvelle verseront leurs fonds à titre de dons gratuits ou de prêts sans intérêts, remboursables par annuités, au moyen d'obligations de la Société.

Il y aura des membres actifs et des adhérents.

Les membres actifs et les adhérents s'engageront à opérer toutes leurs transactions entre eux sans numéraire, et à verser dans la caisse de la Société, contre ses ses billets ou ses obligations, dont le caractère sera fixé ultérieurement, les espèces métalliques qu'ils recevront en payement de produits, services ou salaires.

La Société s'engagera, de son côté, à leur fournir toutes matières premières, services et objets de consommation, contre les versements qu'elle aura acceptés en numéraire, main-d'œuvre, produits et autres valeurs liquides ou de tout repos.

La Société sera en nom collectif et en commandite par actions. — Sa durée sera de quatre-vingt-dix-neuf ans. — Son siége sera à Paris.

Elle sera administrée par un conseil général de gérance composé des délégués des trois divisions qui vont être énoncées ci-après.

La Société prendra la dénomination de Mutualité des Travailleurs.

Elle sera organisée en trois divisions :

La première division, dite agence de crédit réciproque et gratuit, comprendra :

1° La centralisation de l'offre et de la demande ;

2° Le courtage du crédit réciproque et gratuit ;

3° La suscitation, la commande et la mise en œuvre des opérations entre travailleurs.

La Société ne fera ni escompte de billets de commerce, ni prêts hypothécaires, ni crédits à découvert.

Elle n'émettra que des valeurs (billets, mandats, obligations à échéance fixe), non remboursables en espèces.

La deuxième division, dite *Syndicat général de la production*, sera organisée sur les bases posées dans le rapport fait aux délégués du Luxembourg, séance du 16 janvier.

La troisième division, dite *Syndicat général de la consommation*, sera également organisée d'après les bases posées dans le rapport précité.

Les trois divisions devront fonctionner solidairement, et en même temps, sous la responsabilité d'un seul conseil de gérance.

FORMATION DE LA COMMISSION CHARGÉE DE CONSTITUER LA SOCIÉTÉ.

A l'effet de préparer l'organisation de la Société nouvelle, il est créé une commission délibérative, dite de réorganisation.

Cette commission sera composée de cinquante membres, et aura la faculté de s'adjoindre dix membres consultatifs choisis parmi les principaux socialistes.

La commission délibérative sera choisie exclusivement parmi les membres des associations formées d'après les principes posés dans le modèle d'acte mentionné au rapport ci-dessus, page 6, ou qui s'engageront à s'y conformer ultérieurement, et à se reconstituer, en conséquence, sous la direction de la MUTUALITÉ DES TRAVAILLEURS.

La commission délibérative aura pouvoir de nommer un comité exécutif composé d'autant de membres qu'elle jugera convenable, et d'en choisir le personnel suivant les besoins de l'œuvre.

La commission délibérative devra constituer la Société dans le délai de quinze jours à partir de la date de son élection.

La commission délibérative et ses membres consultatifs seront nommés au scrutin de liste par une assemblée composée de trois délégués de chacune des associations ayant adhéré à l'ancienne Banque du peuple et de celles dont les statuts sont en ce moment en voie d'examen, ou se trouveront déposés cinq jours avant l'élection pour régulariser leur position commerciale quant aux opérations de crédit mutuel.

L'élection aura lieu le mercredi 25 avril, à midi, *Salle de la Fraternité.*

Il sera donné communication de la présente proposition dans la réunion publique des actionnaires et adhérents de la Banque du peuple en liquitation, fixée au dimanche 15 avril, *Salle de la Fraternité.*

Fait à Paris, rue du Faubourg-Saint-Denis, nº 23, le 14 avril 1849.

Ont signé : L. CARLIQUE, F. CHERTIER. V. CHIPRON, E. DUBUC, LOUIS LAVOYE, A. LEFAURE, JULES LECHEVALIER.

LE SIÈGE DU COMITÉ PROVISOIRE DE RÉORGANISATION EST SITUÉ RUE DU FAUBOURG SAINT-DENIS, 23.

RAGINEL, RUE DE CLÉRY, 74.

Edite toutes publications républicaines, envoie dans les départements tous les écrits démocratiques et socialistes contre mandat sur la poste. Les frais de port sont à la charge du demandeur.

EN VENTE

PRIX EN GROS POUR DONNER OU VENDRE.

Déclaration des Représentants de la Montagne aux Électeurs. . .	50 c. le 100.
Toast aux Paysans, par Félix Pyat, représentant du peuple. . .	50 c.
Toast aux Soldats, par Félix Pyat.	50 c.
Pourquoi avons-nous la République et la Misère? par Raginel. . . .	1 fr. 50 c.
Lettre d'un Electeur rouge. par Thalès Bernard.	5 fr.
Guide du Peuple dans les Elections, par Malardier.	5 fr.
L'Egalité, journal des campagnes.	2 fr. 50 c.
Banque du Peuple, par Ramon de la Sagra.	30 fr.

Paris. — Imprimerie DONDEY-DUPRÉ, rue Saint-Louis, 46, au Marais.

www.ingramcontent.com/pod-product-compliance
Ingram Content Group UK Ltd.
Pitfield, Milton Keynes, MK11 3LW, UK
UKHW021027220726
13924UKWH00001B/167